Impressum
Verlag: BABADADA GmbH, Nedderfeld 112 , 22529 Hamburg
Geschäftsführer / Verlagsleitung: Harald Hof
Druck: Books on Demand GmbH, In de Tarpen 42, 22848 Norderstedt

Imprint
Publisher: BABADADA GmbH, Nedderfeld 112 , 22529 Hamburg, Germany
Managing Director / Publishing direction: Harald Hof
Print: Books on Demand GmbH, In de Tarpen 42, 22848 Norderstedt, Germany

lekol

школа

klas
класна кімната

divize
ділити

186/2

tablo
дошка

lakour lekol
шкільний двір

profeser
вчитель

papie
папір

ekrir
писати

plim
ручка

biro
письмовий стіл

lareg
лінійка

liv
книга

zelev
учень

sak lekol

ранець

plimie

пенал

kreyon

олівець

egizwar

точило

gom

гумка

kaye desin

альбом для малювання

desin

малюнок

pinso

пензель

bwat lapintir

коробка фарб

sizo

ножиці

lakol

клей

kaye devwar

зошит

devwar

домашнє завдання

nimero

число

azoute

додавати

retire

віднімати

miltipliye

множити

kalkile

рахувати

let

літера

alfabet

абетка

mo

слово

text

текст

lir

читати

lakre

крейда

leson

година

rezis

класний журнал

lexame

екзамен

sertifika

диплом

iniform lekol

шкільна форма

ledikasion

освіта

lansiklopedi

лексикон

liniversite

університет

mikroskop

мікроскоп

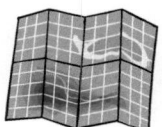

map

карта

poubel

кошик для паперу

vwayaz

подорож

lotel
готель
Grand
loberz
турбаза
ROOMS
biro sanz
обмінний пункт
EXCHANGE
valiz
валіза
loto
автомобіль

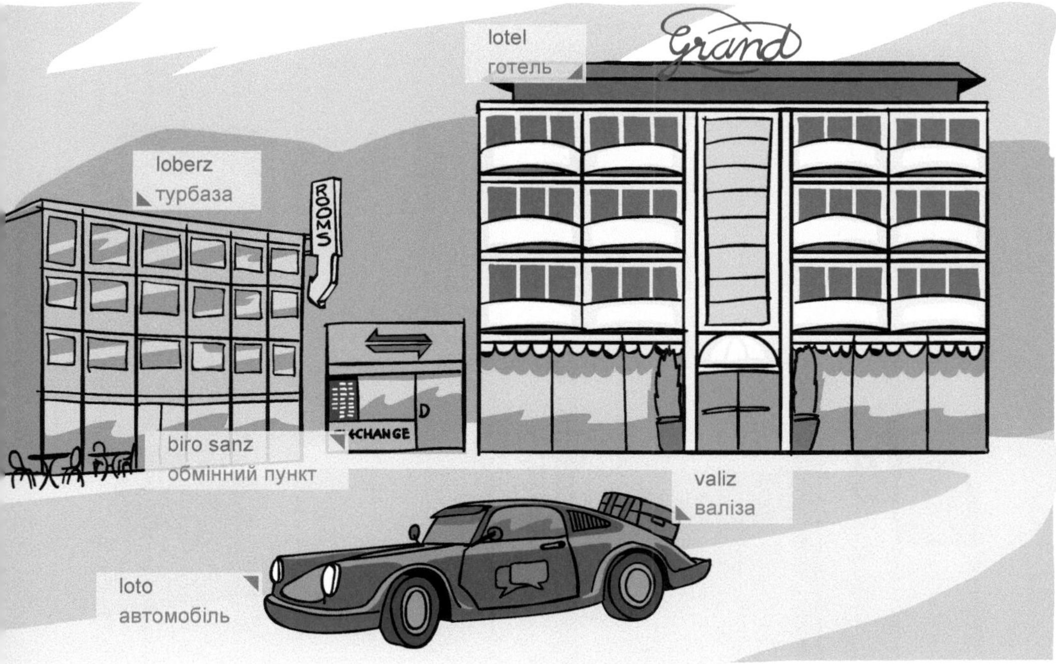

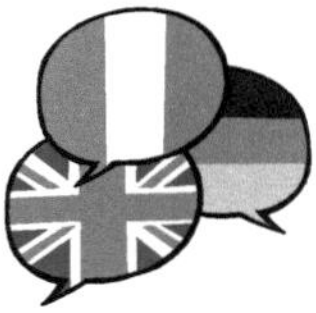

langaz

мова

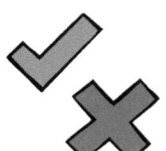

wi / non

так / ні

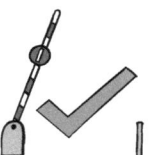

okay

добре

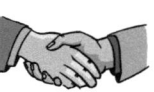

Alo

привіт

tradikter

перекладач

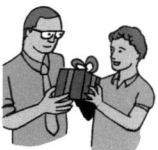

Mersi

дякую

komie sa..?

Скільки коштує ...?

Mo pa pe konpraɲ

Я не розумію

problem

проблема

Bonswar!

Добрий вечір!

Bonzour!

Доброго ранку!

Bonn nwi!

На добраніч!

o-revwar

До побачення

direksion

напрямок

bagaz

багаж

sak

сумка

sak-a-do

рюкзак

ot

гість

pies

кімната

sak kousaz

спальний мішок

latant

намет

lofis tourism

туристична інформація

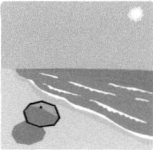

laplaz

пляж

kart kredi

кредитна картка

ti-dezene

сніданок

dezene

обід

dine

вечеря

biye

квиток

lasanser

ліфт

tem

поштова марка

frontier

межа

ladwann

митниця

lanbasad

посольство

viza

віза

paspor

паспорт

transpor

транспорт

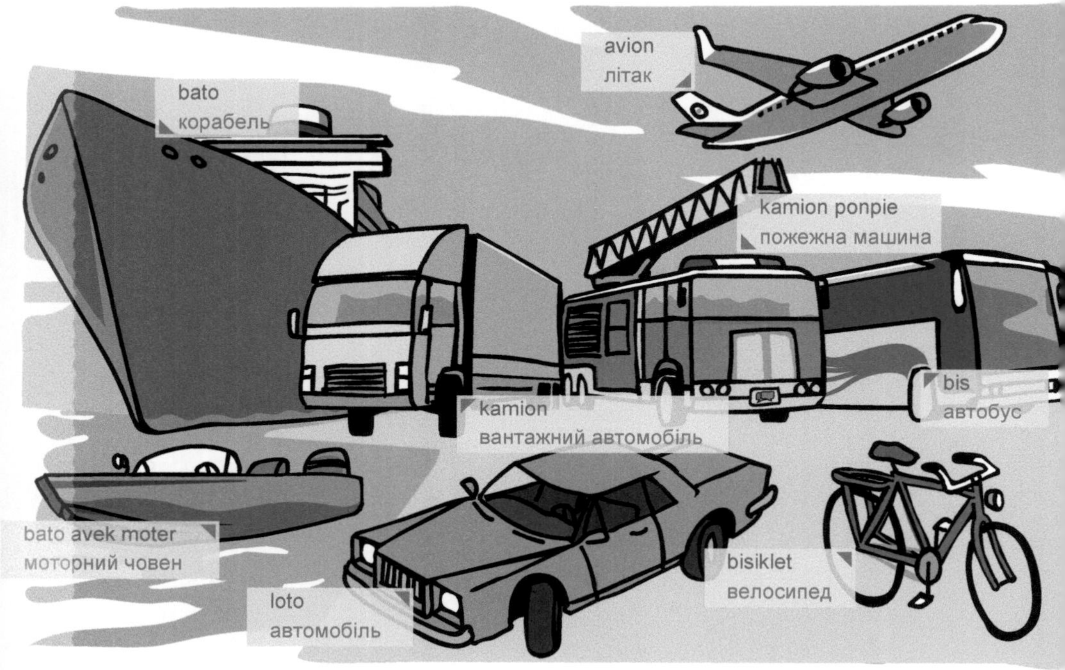
avion
літак
bato
корабель
kamion ponpie
пожежна машина
bis
автобус
kamion
вантажний автомобіль
bato avek moter
моторний човен
bisiklet
велосипед
loto
автомобіль

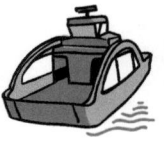

feri

пором

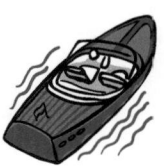

bato

човен

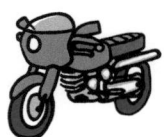

motosiklet

мотоцикл

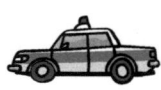

loto lapolis

поліцейська машина

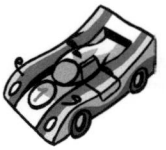

loto lekours

гоночний автомобіль

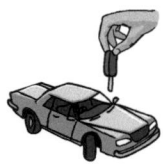

loto lokasion

автомобіль на прокат

ko-vwatiraz

пільне користування авто

kamion towing

евакуатор

kamion salte

сміттєвоз

moter

двигун

lesans

паливо

filing

автозаправна станція

pano indikasion

дорожній знак

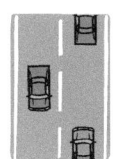

trafik

рух

anbouteyaz

затор

parking

стоянка

stasion trin

вокзал

ray

рейки

trin

потяг

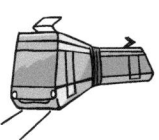

tram

трамвай

vagon

вагон

elikopter
....
гелікоптер

aeropor
....
аеропорт

towing
....
вежа

pasaze
....
пасажир

kontener
....
контейнер

karton
....
коробка

sario
....
візок

panie
....
кошик

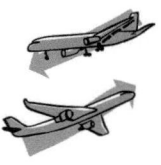

dekole / aterir
....
стартувати / приземлятися

lavil

місто

vilaz
....
село

sant-vil
....
центр міста

lakaz
....
дім

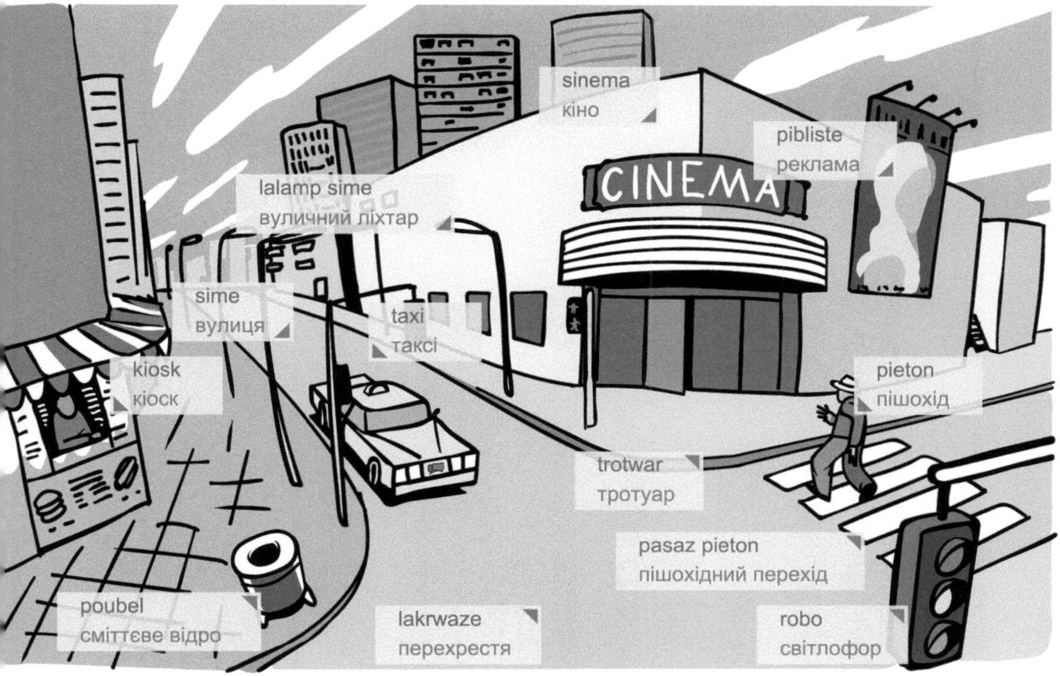
sinema
кіно
pibliste
реклама
CINEMA
lalamp sime
вуличний ліхтар
sime
вулиця
taxi
таксі
kiosk
кіоск
pieton
пішохід
trotwar
тротуар
pasaz pieton
пішохідний перехід
poubel
сміттєве відро
lakrwaze
перехрестя
robo
світлофор

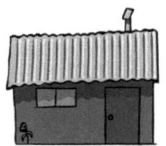

kabann

хатина

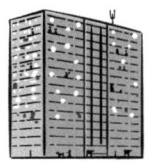

flat

квартира

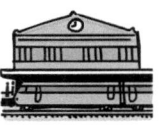

stasion trin

вокзал

minisipalite

ратуша

MUSEUM

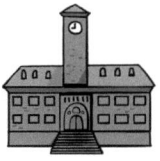

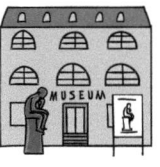

mize

музей

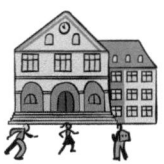

lekol

школа

liniversite

університет

labank

банк

lopital

лікарня

lotel

готель

farmasi

аптека

biro

офіс

libreri

книжковий магазин

magazin

магазин

fleris

квітковий магазин

sipermarse

супермаркет

bazar

ринок

gran magazin

універмаг

pwasonnri

торговець рибою

sant komersial

торговельний центр

lepor

гавань

park
....
парк

labank
....
лава

pon
....
міст

leskalie
....
сходи

metro
....
метро

tinel
....
тунель

bistop
....
автобусна зупинка

bar
....
бар

restoran
....
ресторан

bwat-a-let
....
поштова скринька

pano
....
вулична табличка

parkmet
....
лічильник паркування

zoo
....
зоопарк

pisinn
....
басейн

moske
....
мечеть

laferm

ферма

polision

забруднення
навколишнього
середовища

simitier

кладовище

legliz

церква

lespas pou zwe

дитячий майданчик

tanp

храм

peizaz

ландшафт

fey
листок

pano indikasion
вказівний стовп

sime
шлях

preri
луг

ros
камінь

randonner
мандрівник

pie
дерево

larivier
річка

lerb
трава

fler
квітка

lavale

долина

kolinn

гора

lak

озеро

bwa

ліс

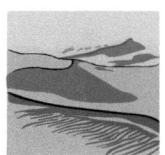

dezer

пустеля

volkan

вулкан

sato

замок

larkansiel

веселка

sanpinion

гриб

palmie

пальма

moutik

комар

mous

муха

fourmi

мурашка

abey

бджола

zarenie

павук

koksinel

жук

grenouy

жаба

ekirey

вивірка

erison

їжак

lapin

заєць

ibou

сова

zwazo

птах

sign

лебідь

sangliye

кабан

serf

олень

elan

лось

dam

гребля

eolienn

вітряк

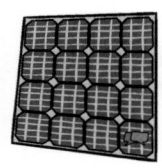

pano soler

сонячний модуль

klima

клімат

restoran
ресторан

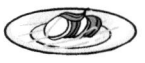

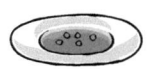

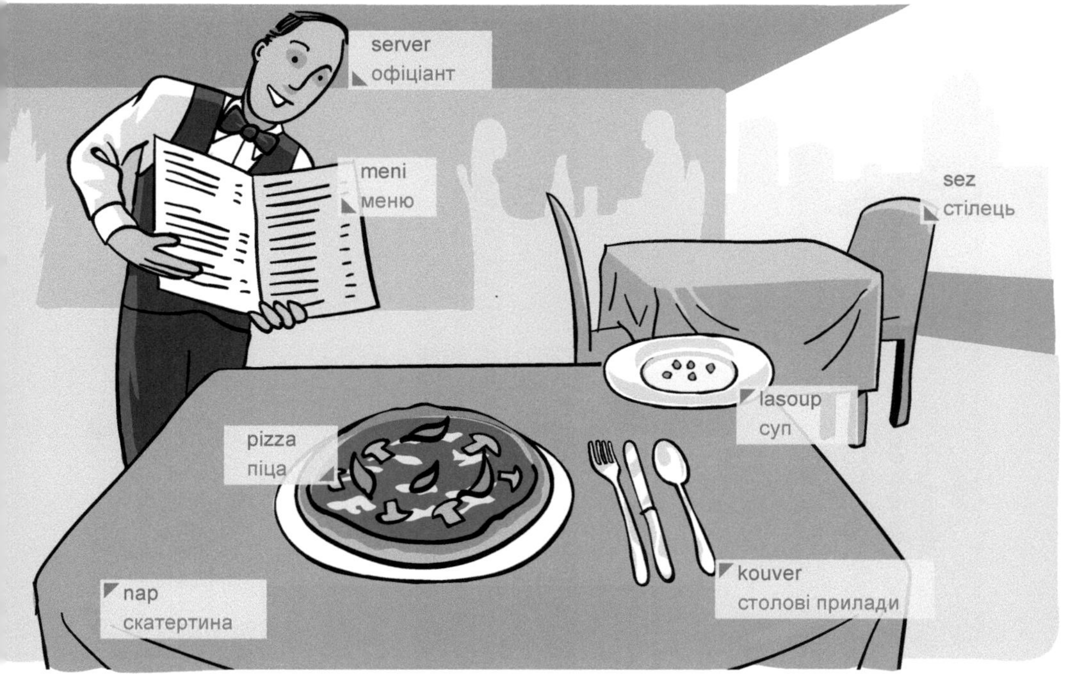

server
офіціант
meni
меню
sez
стілець
lasoup
суп
pizza
піца
kouver
столові прилади
nap
скатертина

lantre

закуска

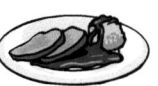

pla prinsipal

друга страва

deser

десерт

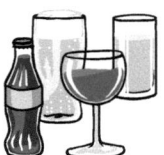

labwason

напої

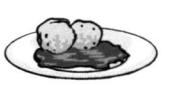

manze

їжа

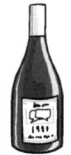

boutey

пляшка

fast food

фаст-фуд

take-away

вулична їжа

teyer

чайник

po disik

цукорниця

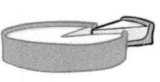

porsion

порція

masinn expresso

еспресо-машина

sez-ot

високий стільчик

bill

рахунок

plato

піднос

kouto

ніж

fourset

вилка

kwiyer

ложка

ti-kwiyer

чайна ложка

serviet

серветка

ver

склянка

restoran - ресторан

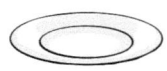

lasiet

тарілка

lasiet

тарілка для супу

soukoup

блюдце

lasos

соус

po disel

солонка

moulin dipwav

млин для перцю

vineg

оцет

delwil

масло

zepis

спеції

ketchup

кетчуп

lamoutard

гірчиця

mayonez

майонез

sipermarse

супермаркет

promosion
пропозиція
klian
клієнт
prodwi a baz dile
молочні продукти
frwi
фрукти
trole
візок для покупок
FOR

BUTCHERS

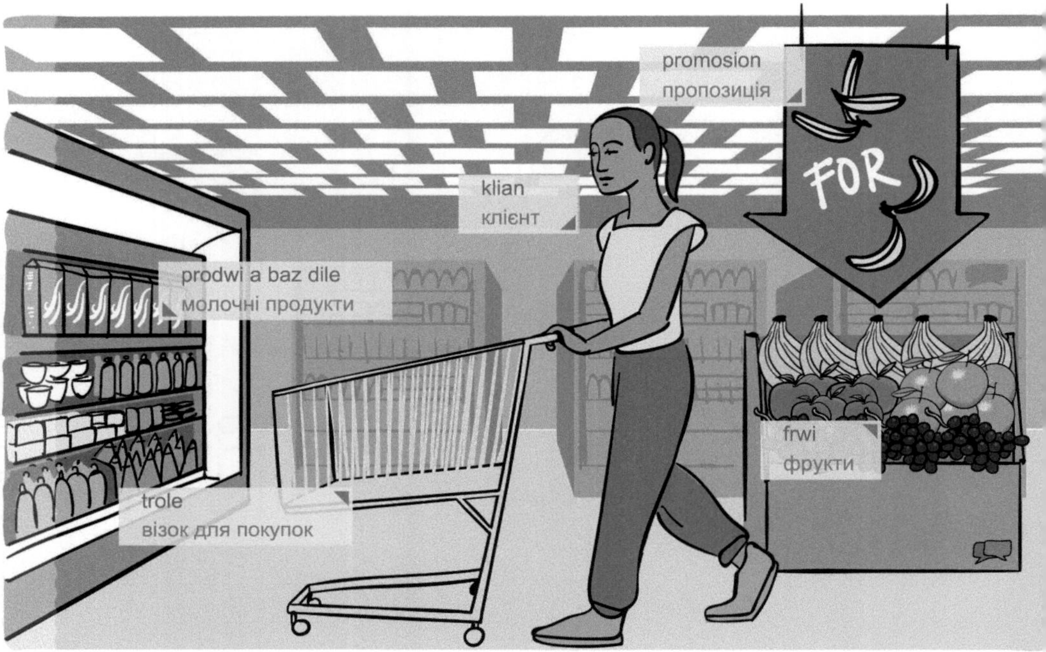

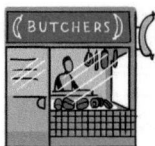

bousri

м'ясний магазин

BAKERY

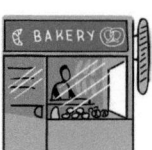

boulanzri

пекарня

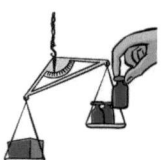

peze

зважувати

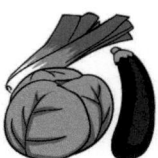

legim

овочі

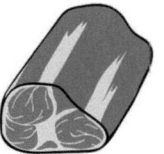

laviann

м'ясо

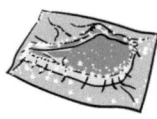

aliman konzele

заморожені продукти

sarkitri

ковбасна нарізка

bwat konserv

консерви

lapoud masinn

пральний порошок

bonbon

солодощі

komision

предмети домашнього побуту

deterzan

мийний засіб

vandez

продавщиця

lakes

каса

kesie

касир

lalis komision

список покупок

ouvertir

часи роботи

portfey

гаманець

kart kredi

кредитна картка

sak

сумка

sak plastik

поліетиленовий пакет

delo

вода

zi

сік

dile

молоко

coca

кола

divin

вино

labier

пиво

lalkol

алкоголь

sokola so

какао

dite

чай

kafe

кава

expresso

еспресо

cappuccino

капучіно

banann

банан

pom

яблуко

zoranz

апельсин

melon

кавун

sitron

лимон

karot

морква

lay

часник

banbou

бамбук

zwayon

цибуля

sanpiyon

гриб

nwazet

горішки

minn

локшина

spageti

спагеті

diri

рис

salad

салат

chips

картопля фрі

pomdeter frir

смажена картопля

pizza

піца

burger

гамбургер

sandwich

бутерброд

eskalop

шніцель

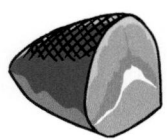

zanbon

шинка

salami

салямі

sosis

ковбаса

poul

курка

roti

печеня

pwason

риба

oatmeal

вівсяні пластівці

muesli

мюслі

kornbif

кукурудзяні пластівці

lafarinn

борошно

krwasan

круасан

ti-dipin

булочка

dipin

хліб

dipin griye

тостовий хліб

biskwi

печиво

diber

масло

fromaz blan

сир

gato

пиріг

dizef

яйце

dizef frir

яєчня

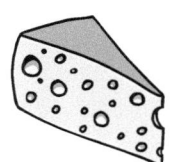

fromaz

сир

sorbe

морозиво

disik

цукор

dimiel

мед

konfitir

мармелад

nouga

нуга-крем

kari

карі

laferm
ферма

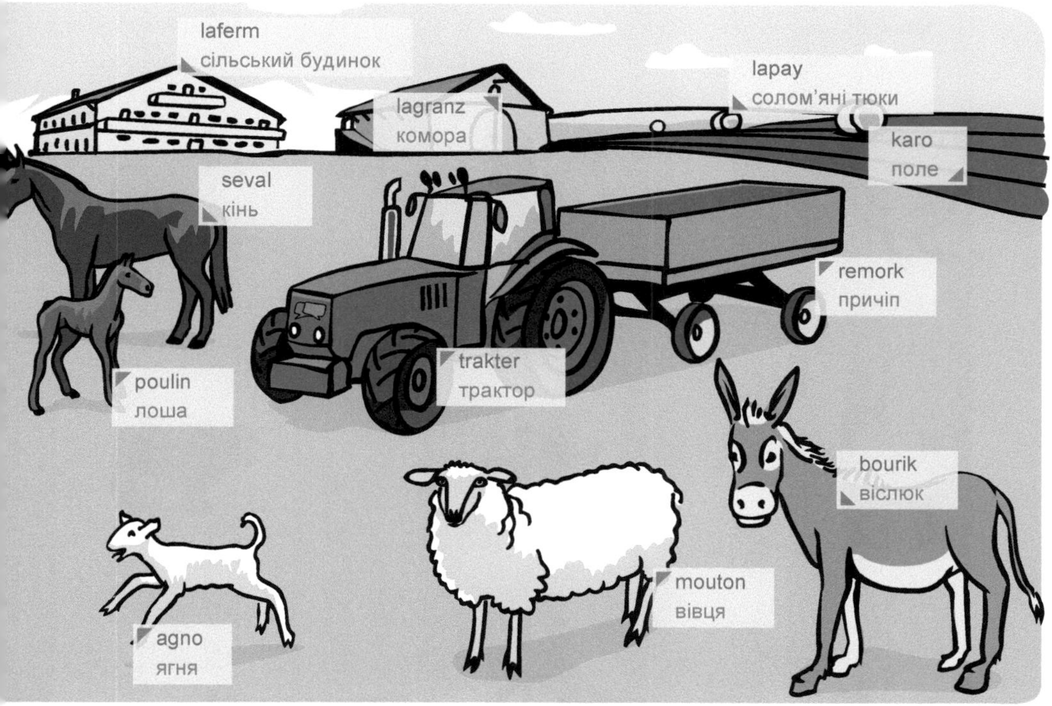

laferm
сільський будинок
lagranz
комора
lapay
солом'яні тюки
karo
поле
seval
кінь
remork
причіп
poulin
лоша
trakter
трактор
bourik
віслюк
mouton
вівця
agno
ягня

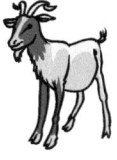

kabri

коза

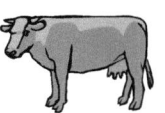

vas

корова

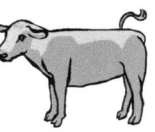

vo

теля

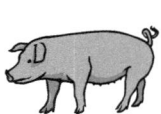

koson

свиня

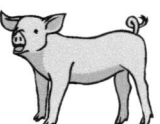

ti-koson

порося

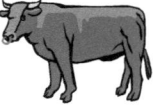

toro

бик

lezwa

гусак

kanar

качка

pousin

курча

poul

курка

kok

півень

lera

щур

sat

кіт

souri

миша

bef

віл

lisien

собака

lakaz lisien

собача будка

tiyo

садовий шланг

arozwar

лійка

laserp

коса

saret

плуг

laferm - ферма

fosi

серп

pios

мотика

fours

вила

lars

сокира

bouret

тачка

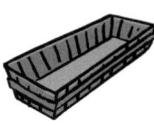

kiv

корито

bwat dile

бідон молока

sak

мішок

fencing

паркан

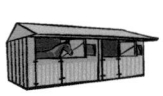

letab

хлів

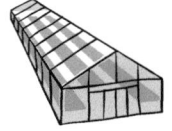

laser

теплиця

later

ґрунт

lagrin

насіння

langre

добриво

masinn pou fer rekolt

комбайн

rekolte

пожинати

rekolt

урожай

ignam

корінь ямсу

dible

пшениця

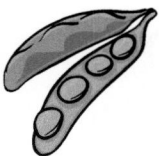

soya

соя

pomdeter

картопля

may

кукурудза

colza

ріпак

zarb frwitie

плодове дерево

maniok

маніок

sereal

злаки

lakaz

дім

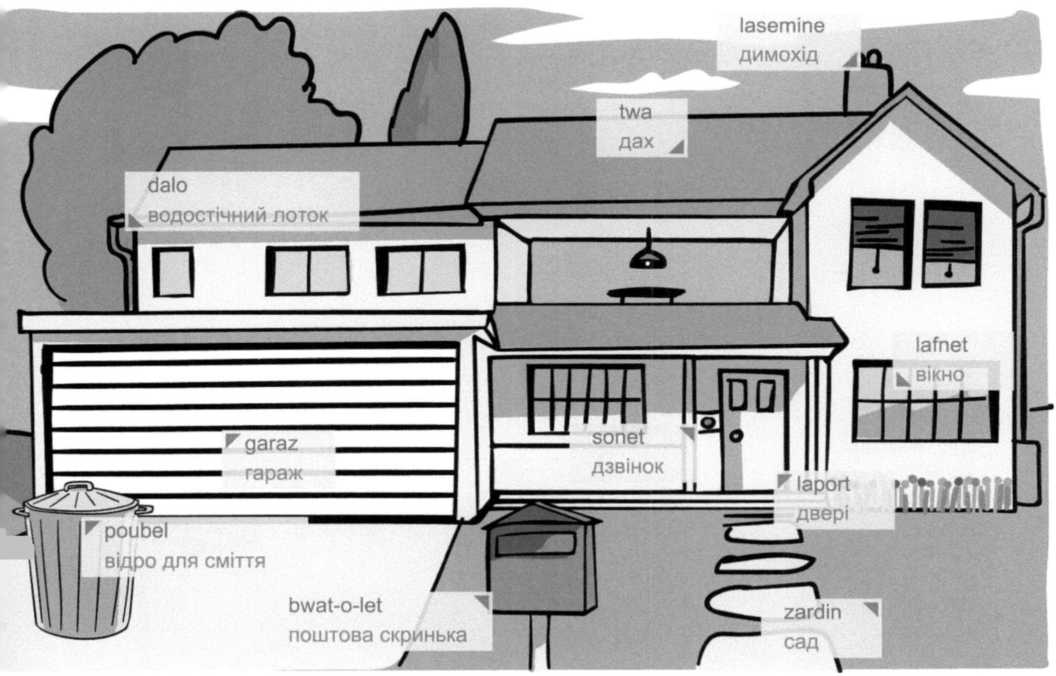
lasemine
димохід
twa
дах
dalo
водостічний лоток
lafnet
вікно
garaz
гараж
sonet
дзвінок
laport
двері
poubel
відро для сміття
bwat-o-let
поштова скринька
zardin
сад

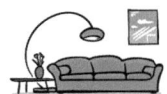

salon

вітальня

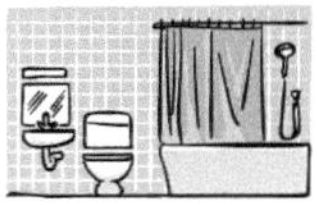

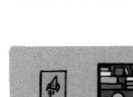

saldebin

ванна кімната

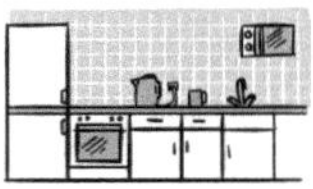

lakwizinn

кухня

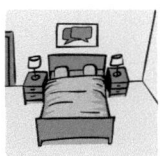

lasam

спальня

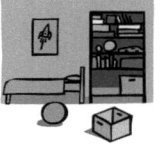

lasam zanfan

дитяча кімната

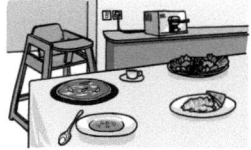

salamanze

їдальня

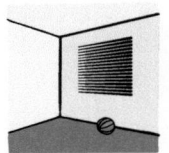

sali

підлога

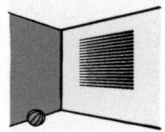

miray

стіна

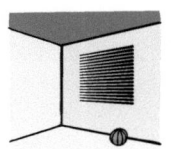

plafon

стеля

lakav

підвал

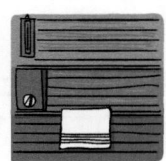

sona

сауна

balkon

балкон

teras

тераса

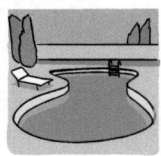

pisinn

басейн

masinn koup gazon

косарка

dra

простирало

kwet

ковдра

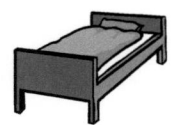

lili

ліжко

balie

мітла

seo

відро

take lalimier

перемикач

salon
вітальня

papie-pin
шпалери
foto
малюнок
lalamp
лампа
letazer
поличка
larmwar
шафа
televizion
телевізор
lasemine
камін
fler
квітка
kousin
подушка
sofa
диван
vaz
ваза
rimot-kontrol
пульт

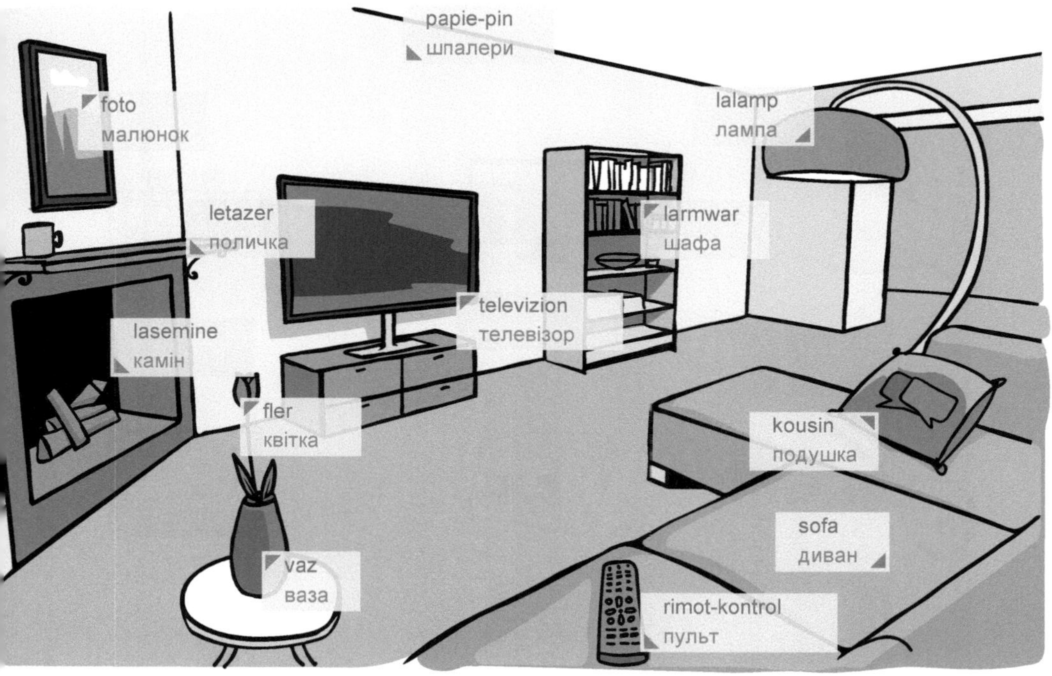

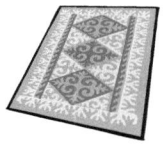

tapi

килим

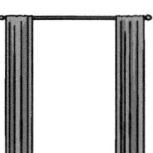

rido

завіса

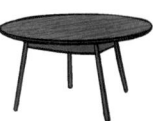

latab

стіл

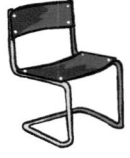

sez

стілець

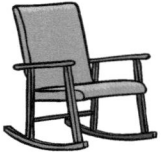

rocking chair

крісло-гойдалка

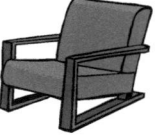

fotey

крісло

liv

книга

kouvertir

ковдра

dekorasion

прикраса

dibwa foye

дрова

fim

фільм

hi-fi

стереосистема

lakle

ключ

zournal

газета

lapintir

картина

poster

плакат

radio

радіо

bloknot

блокнот

laspirater

пилосос

kaktis

кактус

labouzi

свічка

lakwizinn

кухня

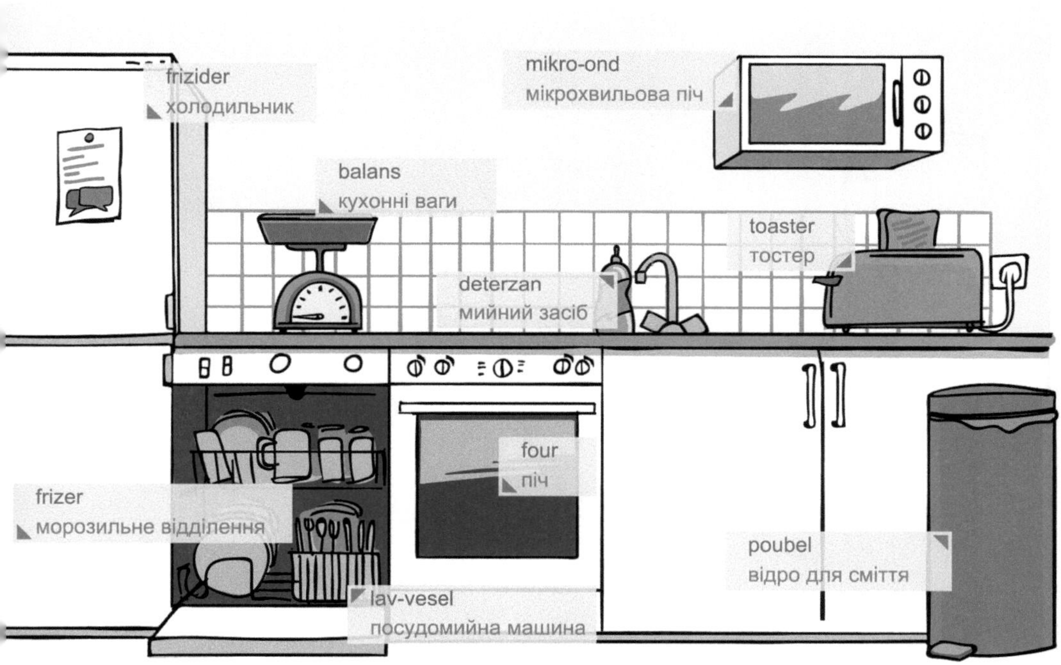

frizider
холодильник
mikro-ond
мікрохвильова піч
balans
кухонні ваги
toaster
тостер
deterzan
мийний засіб
four
піч
frizer
морозильне відділення
poubel
відро для сміття
lav-vesel
посудомийна машина

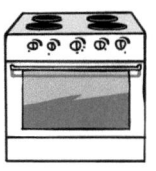

four

плита

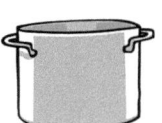

kasrol

горщик

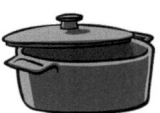

marmit

чавунний горщик

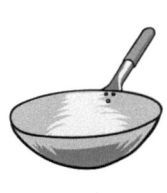

wok

вок / кадай

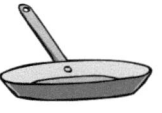

pwal

сковорода

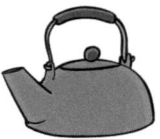

boulwar

чайник

steamer

пароварка

plak kwison

лист

vesel

посуд

goble

кухоль

bol

чаша

baget sinwa

палички для їжі

lous

черпак

spatil

лопатка

fwet

вінчик для збивання

paswar

сито

tami

сито

larap

терка

mortie

ступка

griyad

барбекю

lasemine

багаття

biyo

дошка

roulo

качалка

tirbouson

штопор

bwat konserv

конзерва

ouvbwat

відкривачка

legan proteksion

прихватки

lavabo

раковина

bros

щітка

leponz

губка

blender

міксер

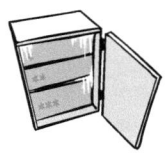

konzelater

морозильна камера

bibron

дитяча пляшка

robine

кран

saldebin

ванна кімната

sofaz
опалення
serviet
рушник
dous
душ
rido dous
душова завіса
bin mousan
пiниста ванна
benwar
ванна
ver
склянка
masinn lave
пральна машина
karo
плитка
robine
кран
potsam
горщок
lavabo
раковина

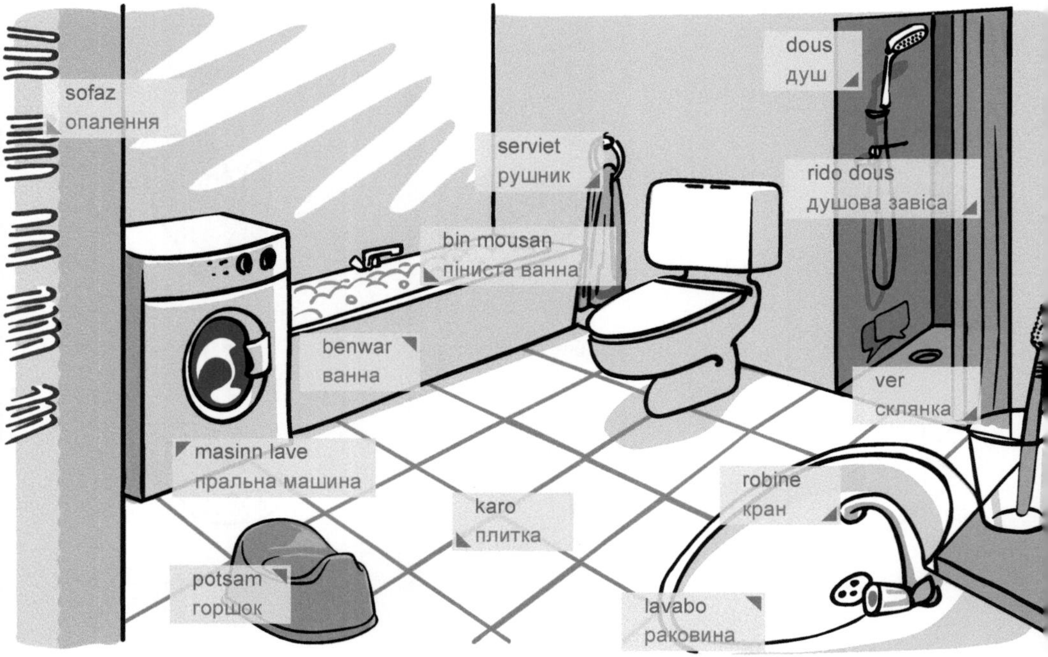

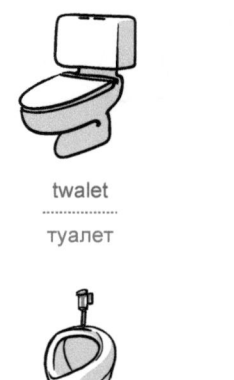

twalet

туалет

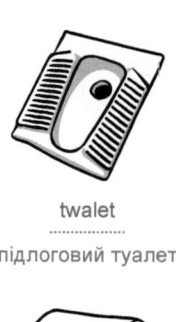

twalet

підлоговий туалет

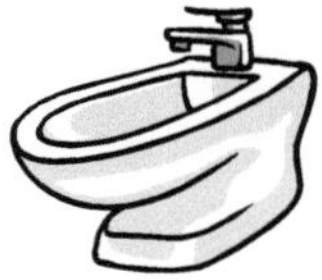

bide

біде

piswar

пісуар

papie twalet

туалетний папір

bros twalet

щітка для туалету

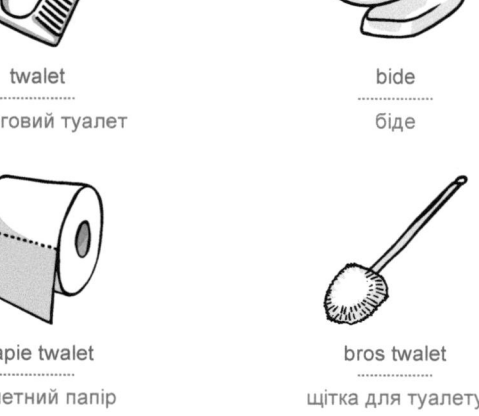

bros ledan

зубна щітка

dantifris

зубна паста

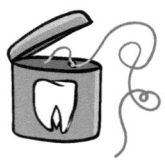

fil danter

нитка для чищення зубів

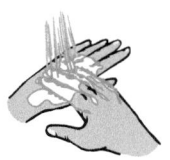

lave

мити

ti-bin

ручний душ

dous

інтимний душ

basin

таз

bros ledo

щітка для спини

savon

мило

zel dous

гель для душу

sanpwin

шампунь

gandebin

мочалка

drin

водостік

lakrem

крем

deodoran

дезодорант

mirwar

дзеркало

mirwar

косметичне дзеркало

razwar

бритва

lamous pou raze

піна для гоління

apre-razaz

лосьйон після гоління

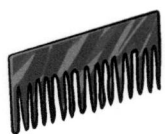

pengn

гребінь

bros

щітка

seswar

фен

lak

лак для волосся

makiyaz

косметика

dirouz

губна помада

verni

лак для нігтів

cotton wool

вата

tay-zong

ножиці для нігтів

parfin

парфум

saldebin - ванна кімната

trous twalet

косметичка

stoul

табурет

balans

ваги

penwar

халат

legan netwayaz

гумові рукавички

tanpon

тампон

serviet izienik

гігієнічні прокладки

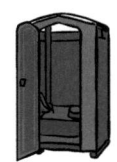

twalet simik

біотуалет

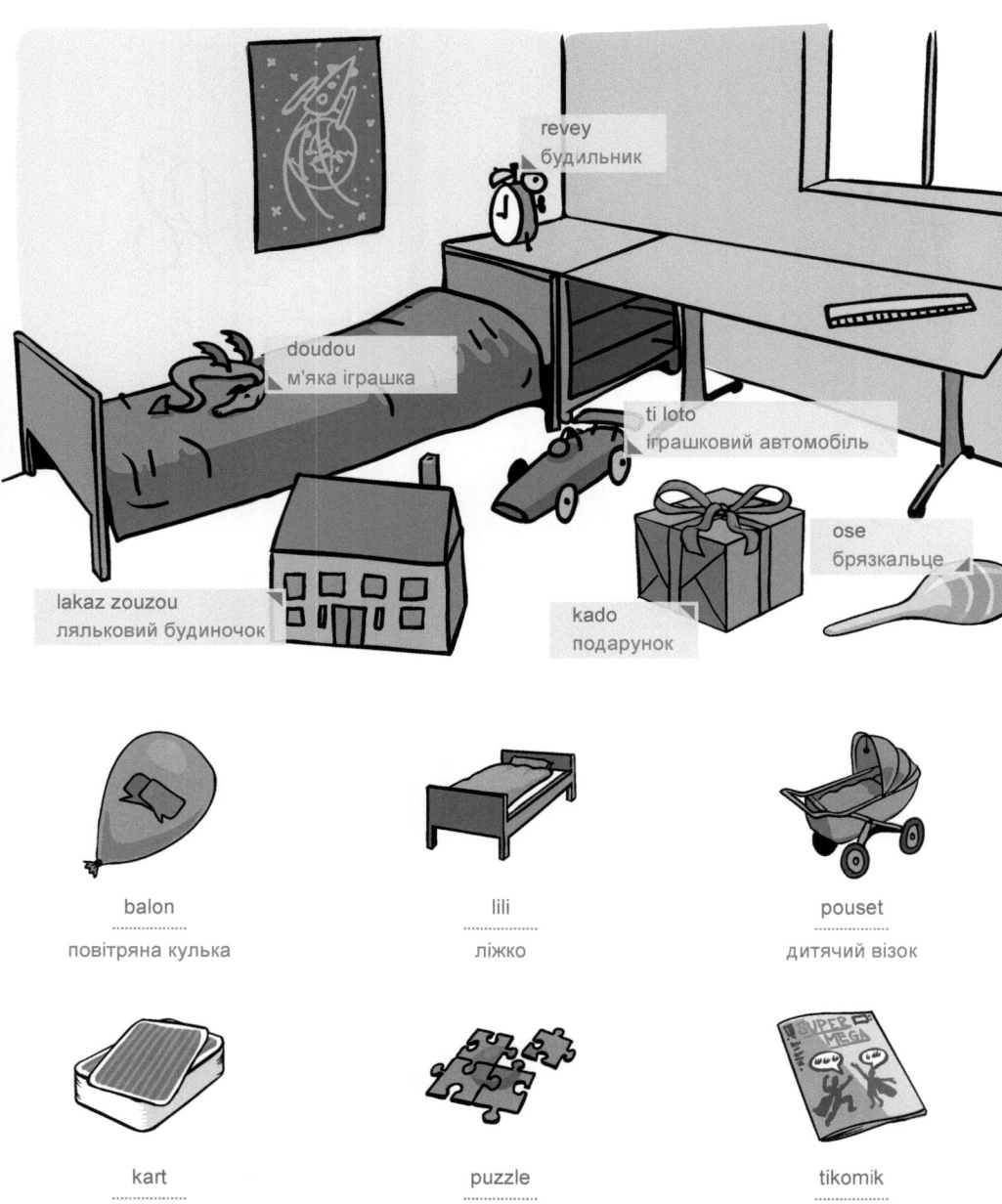

revey
будильник

doudou
м'яка іграшка

ti loto
іграшковий автомобіль

ose
брязкальце

lakaz zouzou
ляльковий будиночок

kado
подарунок

balon
повітряна кулька

lili
ліжко

pouset
дитячий візок

kart
картярська гра

puzzle
пазл

tikomik
комікс

lego

лего цеглинки

lego

блоки

figirinn

іграшкова фігурка

grenouyer

повзунки

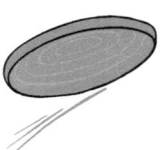

frisbee

фризбі

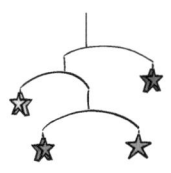

mobil

мобіле

zwe

настільна гра

lede

кубик

trin zouzou

модель залізнична станція

siset

соска

fet

вечірка

liv ek zimaz

книжка з картинками

boul

м'яч

poupet

лялька

zwe

грати

bak-a-sab

пісочниця

balanswar

гойдалка

zouzou

іграшка

game

гральна консоль

trisik

триколісний велосипед

nounours

плюшевий мішка

larmwar

шафа

linz

одяг

soset

шкарпетки

leba

панчохи

kolan

колготки

esarp
шарф

sintir
ремінь

parapli
парасоля

t-shirt
футболка

bot
чоботи

tenis
кросівки

pantouf
домашнє взуття

sandalet
сандалі

soulie
взуття

bot an karotsou
гумові чоботи

souvetman
труси

soutiengorz
бюстгальтер

vest
нижня сорочка

body

боді

pantalon

штани

jeans

джинси

zip

спідниця

blouz

блузка

simiz

сорочка

pull-over

пуловер

blouzon ek kapison

светр

vest

піджак

jaket

куртка

manto

пальто

pardesi

дощовик

kostim

костюм

rob

сукня

rob lamarye

весільна сукня

kostim

костюм

robdesam

нічна сорочка

pizama

піжама

sari

сарі

foular

головна хустка

tirban

чалма

bourka

бурка

kaftan

кафтан

abaya

абая

mayo de bin

купальник

mayo de bin

плавки

sorti de sekour

шорти

linz spor

тренувальний костюм

tabliye

фартух

legan

рукавички

bouton

гудзик

linet

окуляри

brasle

браслет

kolie

ланцюг

bag

кільце

zanon

сережка

bone

шапка

sint

плічка

sapo

капелюх

kravat

краватка

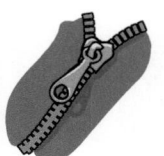

fermetirekler

застібка-блискавка

elmet

шолом

bretel

підтяжки

iniform lekol

шкільна форма

iniform

уніформа

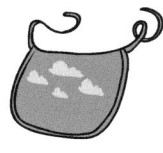

bavwar

нагрудник

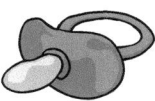

siset

соска

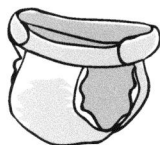

lanz

підгузок

biro

офіс

server
сервер
larmwar arsiv
шаф для документів
printer
принтер
papie
папір
lekran
монітор
mouse
миша
biro
письмовий стіл
klaser
папка
klavie
синтезатор
poubel
кошик для паперу
ordinater
комп'ютер
sez
стілець

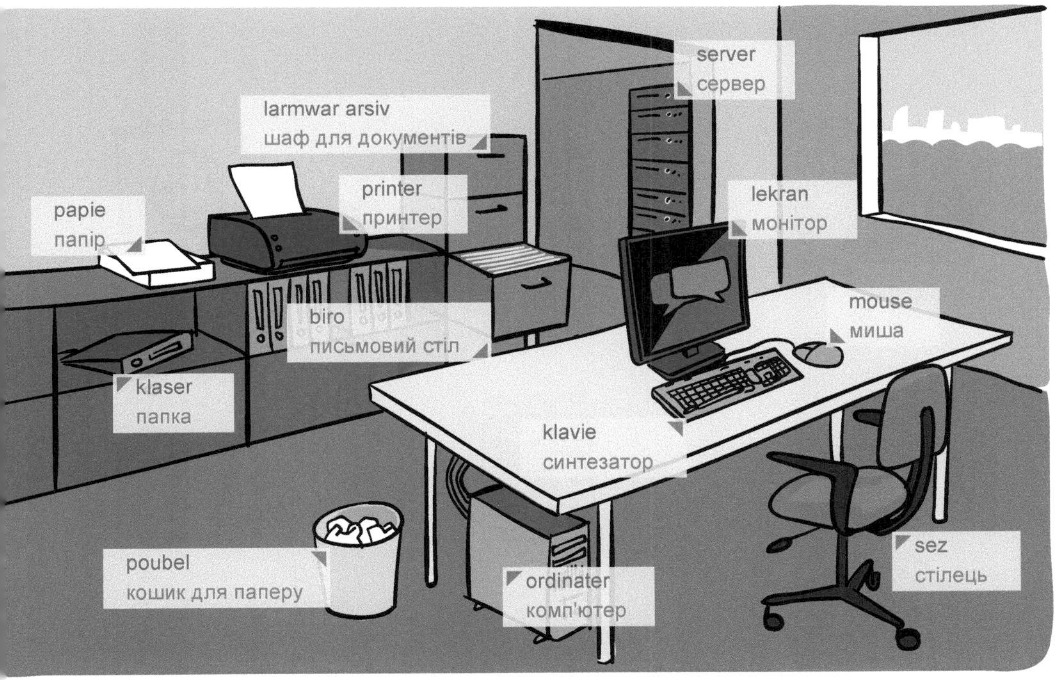

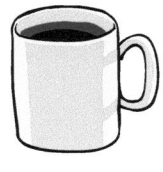

mug

кавовий кухоль

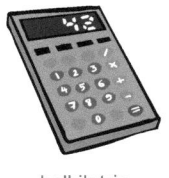

kalkilatris

калькулятор

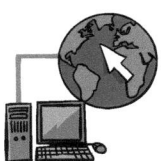

internet

інтернет

laptop

ноутбук

let

лист

mesaz

повідомлення

portab

мобільний телефон

rezo

мережа

fotokopi

копіювальний пристрій

lozisiel

програмне забезпечення

telefonn

телефон

priz

розетка

fax

факс

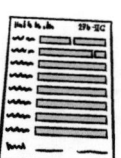

form

бланк

dokiman

документ

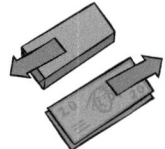

aste

купувати

peye

платити

fer biznes

торгувати

larzan

гроші

dolar

долар

euro

євро

yen

ієна

rouble

рубль

fran swis

франк

renminbi yuan

юанів женьміньбі

roupi

рупія

distribiter biye

банкомат

biro sanz

обмінний пункт

lor

золото

larzan

срібло

petrol

нафта

lenerzi

енергія

pri

ціна

kontra

контракт

tax

податок

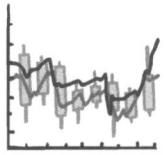

aksion

акція

travay

працювати

anplwaye

працівник

anplwayer

роботодавець

lizinn

фабрика

magazin

магазин

lekonomi - економіка

travay
професії

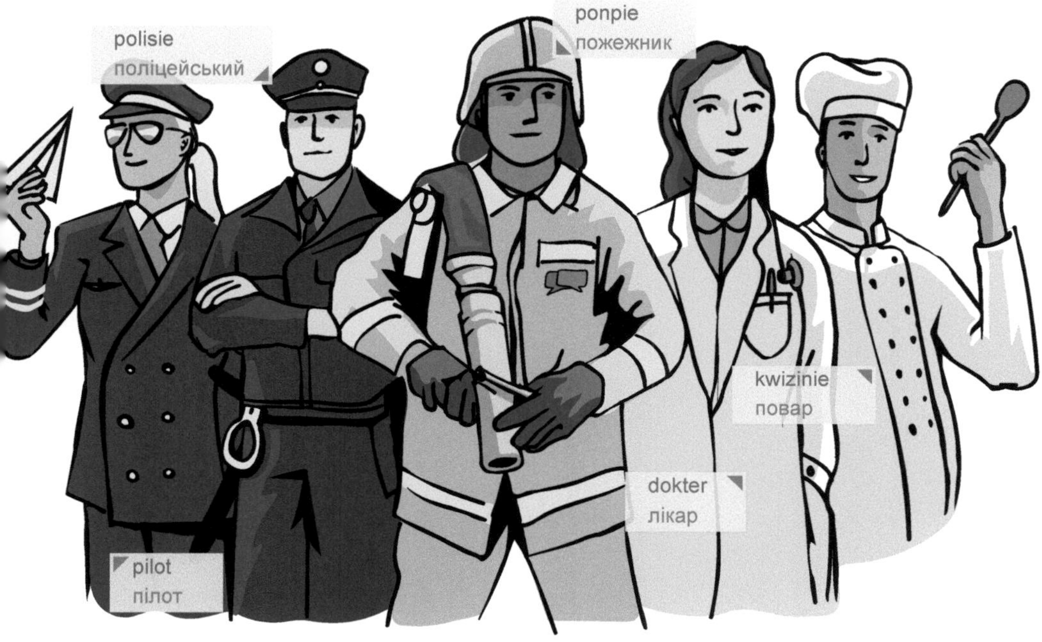

ponpie
пожежник
polisie
поліцейський
kwizinie
повар
dokter
лікар
pilot
пілот

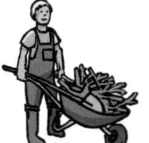

zardinie

садівник

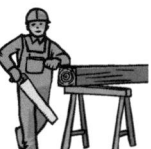

sarpantie

столяр

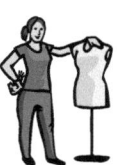

koutirier

швачка

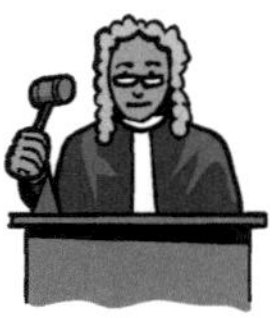

ziz

суддя

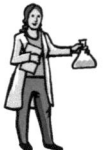

simis

хімік

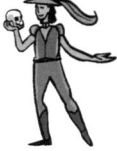

akter

актор

sofer bis

водій автобуса

sofer taxi

таксист

peser

рибалка

bonn

прибиральниця

zouvriye twa lakaz

покрівельник

server

офіціант

saser

мисливець

pint

художник

boulanze

пекар

elektrisien

електрик

zouvriye

будівельник

inzenier

інженер

bouse

забійник

plonbie

бляхар

fakter

листоноша

solda

солдат

arsitek

архітектор

kesie

касир

fleris

флорист

kwafez

перукар

chek

кондуктор

mekanisien

механік

kapitenn

капітан

dantis

дантист

siantis

вчений

rabi

рабин

imam

імам

mwann

монах

pret

пастор

zouti
інструменти

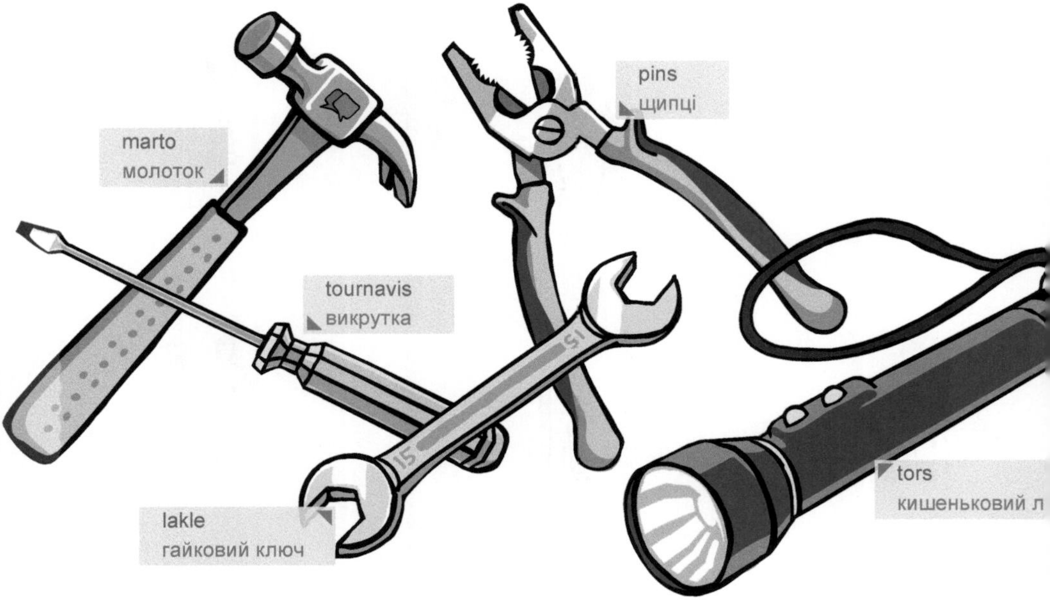
marto
молоток
pins
щипці
tournavis
викрутка
lakle
гайковий ключ
tors
кишеньковий л

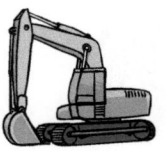

peltez

екскаватор

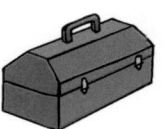

bwat zouti

ящик для інструментів

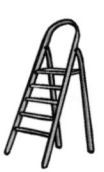

lesel

драбина

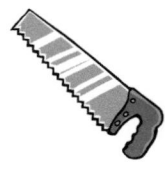

lasi

пилка

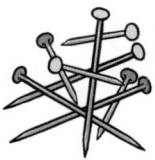

koulou

цвяхи

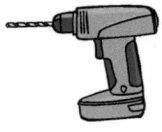

persez

свердло

aranze

ремонтувати

lapel

лопата

Ayo!

лайно!

lapel

совок

po lapintir

відро з фарбою

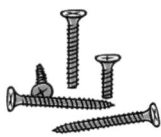

vis

гвинти

instriman lamizik
музичні інструменти

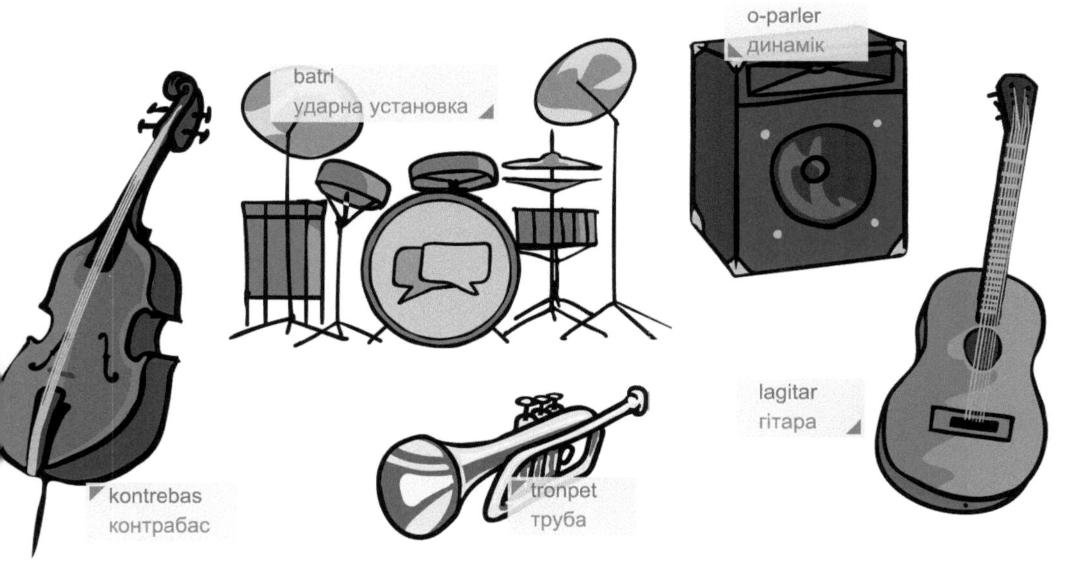

o-parler
динамік

batri
ударна установка

lagitar
гітара

kontrebas
контрабас

tronpet
труба

piano

фортепіано

violon

скрипка

bas

бас

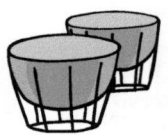

tinbal

литаври

tanbour

барабан

klavie

клавіатура

saxofonn

саксофон

laflit

флейта

mikro

мікрофон

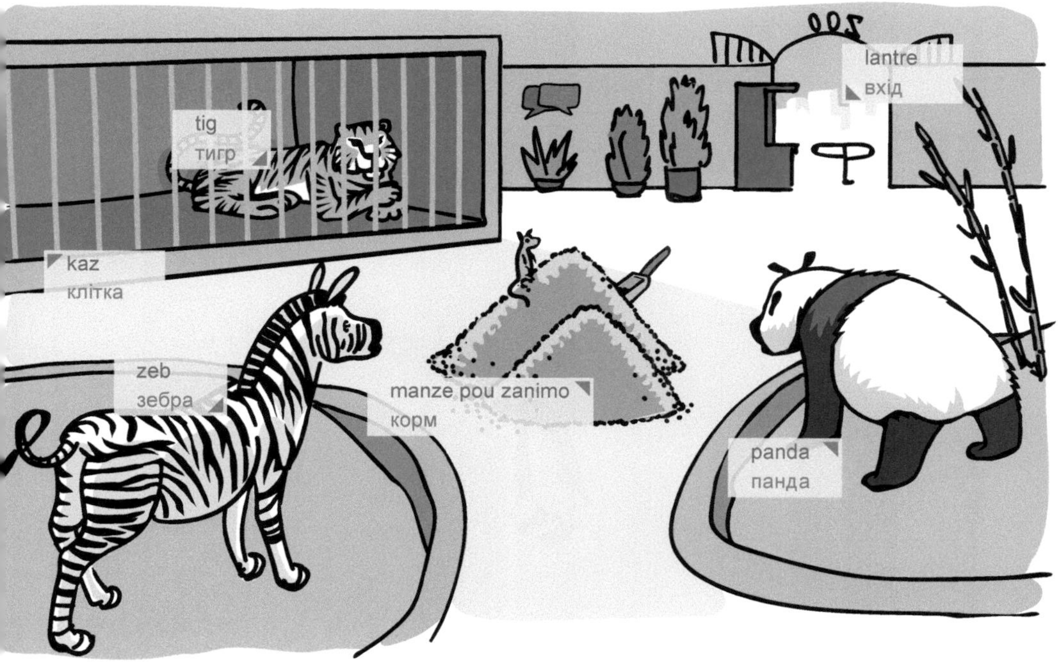

lantre
вхід

tig
тигр

kaz
клітка

zeb
зебра

manze pou zanimo
корм

panda
панда

zanimo

тварини

lelefan

слон

kangourou

кенгуру

rinoceros

носоріг

gori

горила

lours

ведмідь

samo

верблюд

lotris

страус

lion

лев

zako

мавпа

flaman roz

фламінго

peroke

папуга

lours poler

білий ведмідь

pingwi

пінгвін

rekin

акула

pan

павич

serpan

змія

krokodil

крокодил

gardien zoo

працівник зоопарку

fok

тюлень

zagwar

ягуар

zoo - зоопарк

poney

поні

leopar

леопард

ipopotam

гіпопотам

ziraf

жираф

leg

орел

sangliye

кабан

pwason

риба

torti

черепаха

mors

морж

renar

лисиця

gazel

газель

foutborl ameriken
американський футбол

siklism
їзда на велосипеді

tenis
теніс

basketball
баскетбол

natasion
плавання

oke lor gazon
хокей

labox
бокс

foutborl
футбол

badminton
бадмінтон

atletism
легка атлетика

handball
гандбол

ski
лижні перегони

polo
поло

riye
сміятися

sote
стрибати

maye
обіймати

marse
йти

sante
співати

reve
мріяти

priye
молитися

anbrase
цілувати

ekrir
писати

desine
малювати

montre
показувати

pouse
тиснути

done
давати

pran
брати

ena

мати

fer

робити

ete

бути

diboute

стояти

galoupe

бігати

rise

тягнути

zete

кидати

tonbe

падати

alonze

лежати

atann

очікувати

amene

носити

asize

сидіти

abiye

одягати

dormi

спати

leve

просипатися

gete

дивитися

plore

плакати

karese

гладити

pengne

розчісувати

koze

розмовляти

konpran

розуміти

dimande

питати

ekoute

слухати

bwar

пити

manze

їсти

netwaye

прибирати

kontan

любити

kwi

варити

kondir

їхати

anvole

літати

fer lavwal

йти під вітрилом

kalkile

рахувати

lir

читати

aprann

вчитися

travay

працювати

marye

одружуватися

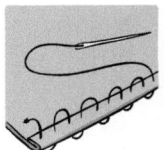

koud

шити

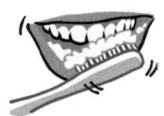

bros ledan

чистити зуби

touye

убивати

fime

курити

avoye

посилати

granmer
бабуся

granper
дідуся

papa
батько

mama
мати

ti-baba
немовля

tifi
донька

garson
син

ot

гість

matant

тітка

tonton

дядько

frer

брат

ser

сестра

lekor

тіло

fron
чоло
lizie
око
zepol
плече
ledwa
палець
figir
обличчя
manton
підборіддя
lame
кисть
lazam
нога
tete
груди
lebra
рука

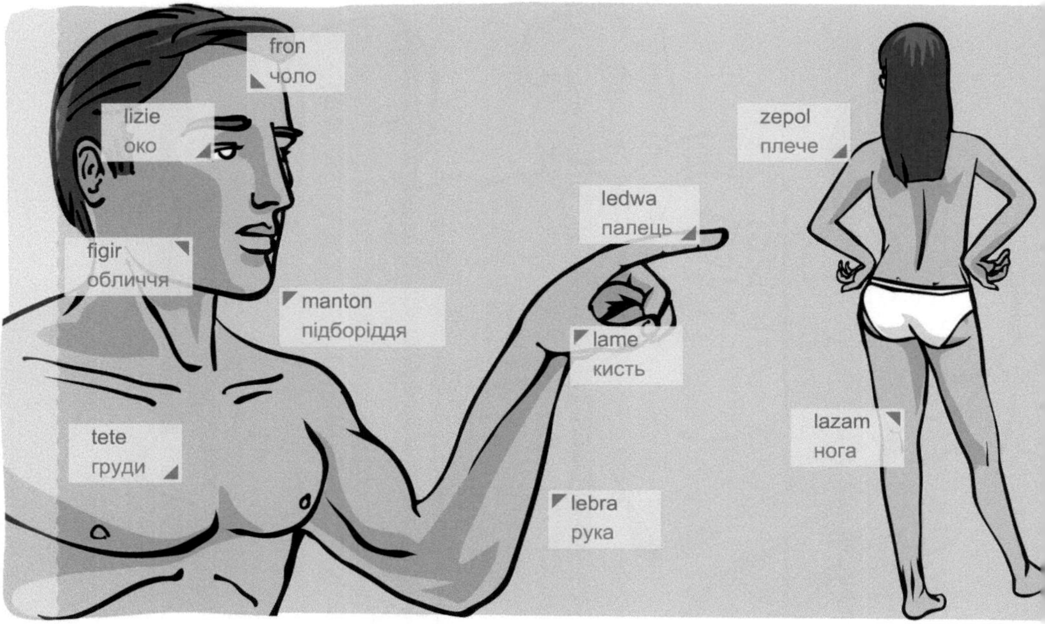

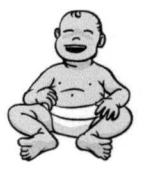

ti-baba
немовля

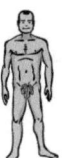

zom
чоловік

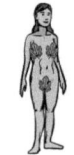

fam
жінка

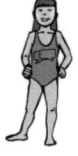

tifi
дівчина

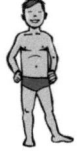

ti-garson
хлопчик

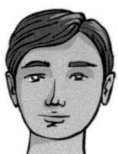

latet
голова

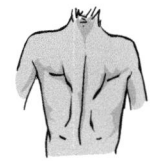

ledo

спина

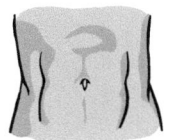

vant

живіт

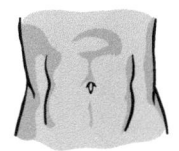

lonbri

пуп

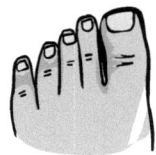

zortey

палець ноги

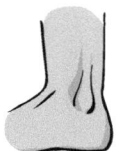

talon

п'ята

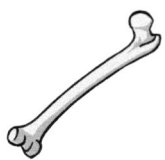

lezo

кістка

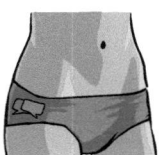

laans

стегно

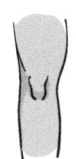

zenou

коліно

koud

лікоть

nene

ніс

fes

сідниці

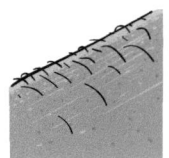

lapo

шкіра

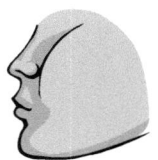

lazou

щока

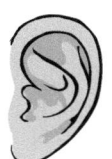

zorey

вухо

lalev

губа

labous

рот

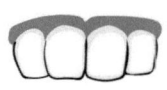

ledan

зуб

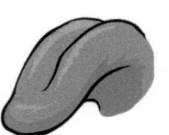

lalang

язик

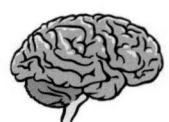

servo

мозок

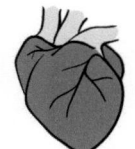

leker

серце

mix

м'яз

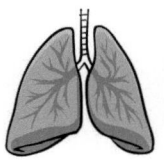

poumon

легені

lefwa

печінка

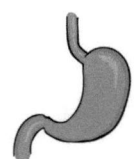

lestoma

шлунок

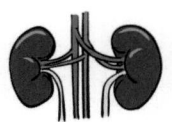

lerin

нирки

sex

статевий акт

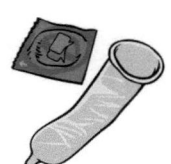

kapot

презерватив

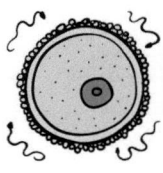

ovil

яйцеклітина

sperm

сперма

groses

вагітність

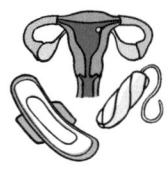

period
менструація

vazin
вагіна

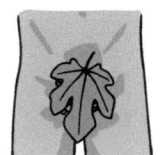

penis
пеніс

soursi
брова

seve
волосся

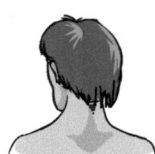

likou
шия

lopital
лікарня

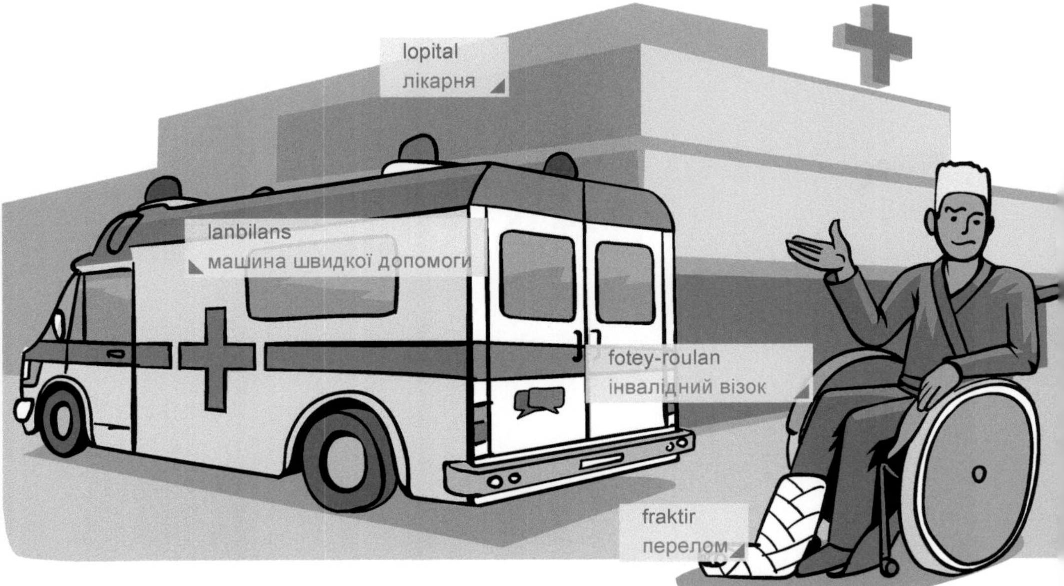

lopital
лікарня
lanbilans
машина швидкої допомоги
fotey-roulan
інвалідний візок
fraktir
перелом

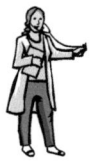

dokter

лікар

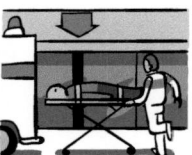

servis irzans

відділення швидкої медичної допомоги

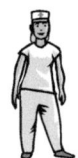

ners

медсестра

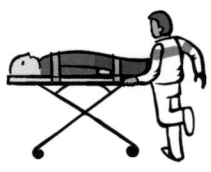

irzans

аварійний випадок

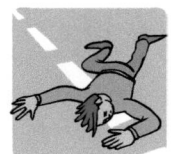

inkonsian

непритомний

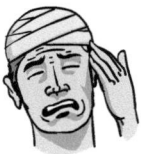

douler

біль

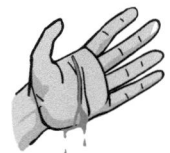

blesir
травма

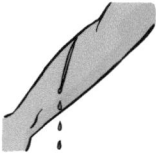

emorazi
кровотеча

kriz kardiak
інфаркт

atak serebral
інсульт

alerzik
алергія

touse
кашель

lafiev
лихоманка

lagrip
грип

diare
пронос

malad latet
головна біль

kanser
рак

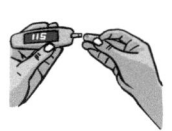

diabet
діабет

sirirzien
хірург

skalpel
скальпель

operasion
операція

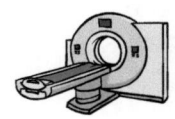

CT
KT

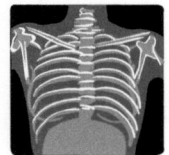

x-ray
рентген

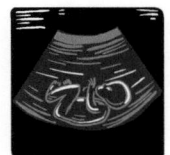

iltrason
ультразвук

mask
маска

maladi
хвороба

sal-datant
зал очікування

beki
милиця

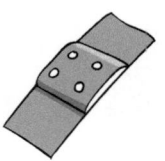

pansman
пластир

bandaz
пов'язка

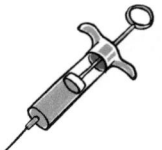

inzeksion
ін'єкція

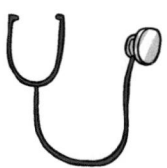

stetoskop
стетоскоп

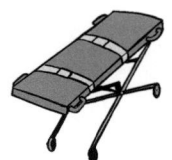

brankar
ноші

termomet
термометр

nesans
народження

sirpwa
надмірна вага

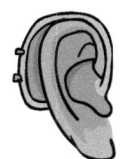

laparey oditif

слуховий апарат

dezinfektan

дезінфікуючий засіб

infeksion

інфекція

viris

вірус

HIV / SIDA

ВІЛ / СНІД

medsinn

медицина

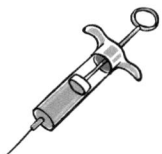

vaksinasion

вакцинація

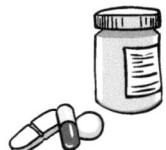

konprime

таблетки

pilil kontraseptif

протизаплідна пігулка

korl irzans

екстрений виклик

laparey tansion

тонометр

malad / bien

хворий / здоровий

аварійний випадок

o-sekour

Допоможіть!

alarm

сигнал тривоги

atak

напад

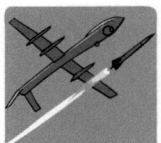

atak

атака

danze

небезпека

sorti de sekour

аварійний вихід

Dife!

Вогонь!

laponp dife

вогнегасник

aksidan

аварія

kit first aid

аптечка

SOS

СОС

lapolis

поліція

Ierop

Європа

Lamerik di nor

Північна Америка

Lamerik di sid

Південна Америка

Iafrik

Африка

Iazi

Азія

Iostrali

Австралія

Iatlantik

Атлантика

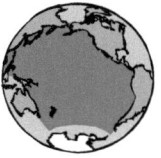

pasifik

Тихий океан

Iosean indien

Індійський океан

Iosean antartik

Антарктичний океан

Iosean artik

Північний Льодовитий
океан

Pol Nor

Північний полюс

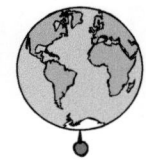

Pol Sid

Південний полюс

lantartik

Антарктика

later

Земля

later

суша

lamer

море

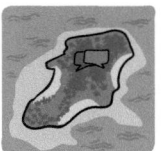

zil

острів

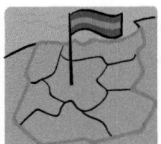

nasion

нація

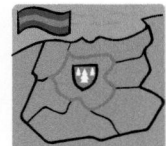

leta

держава

kadran

циферблат

zegwi ler

годинникова стрілка

zegwi minit

хвилинна стрілка

zegwi segonn

секундна стрілка

ki ler la ?

Котра година?

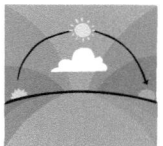

zour

день

letan

час

aster-la

зараз

mont dizital

цифровий годинник

minit

хвилина

ler

година

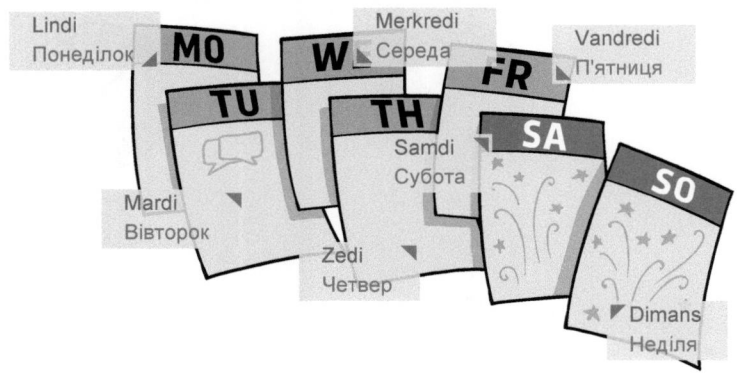

Lindi / Понеділок
Merkredi / Середа
Vandredi / П'ятниця
Mardi / Вівторок
Samdi / Субота
Zedi / Четвер
Dimans / Неділя

yer

вчора

zordi

сьогодні

demin

завтра

gramatin

ранок

midi

опівдні

aswar

вечір

zour travay

робочі дні

wikenn

кінець робочого тижня

lane

рік

lapli
дощ
larkansiel
веселка
divan[
вітер
lanez
сніг
printan
весна
lete
літо
otonn
осінь
liver
зима

4.APRIL 11°
5.APRIL 4°
6.APRIL 13°
7.APRIL 8°
8.APRIL 10°

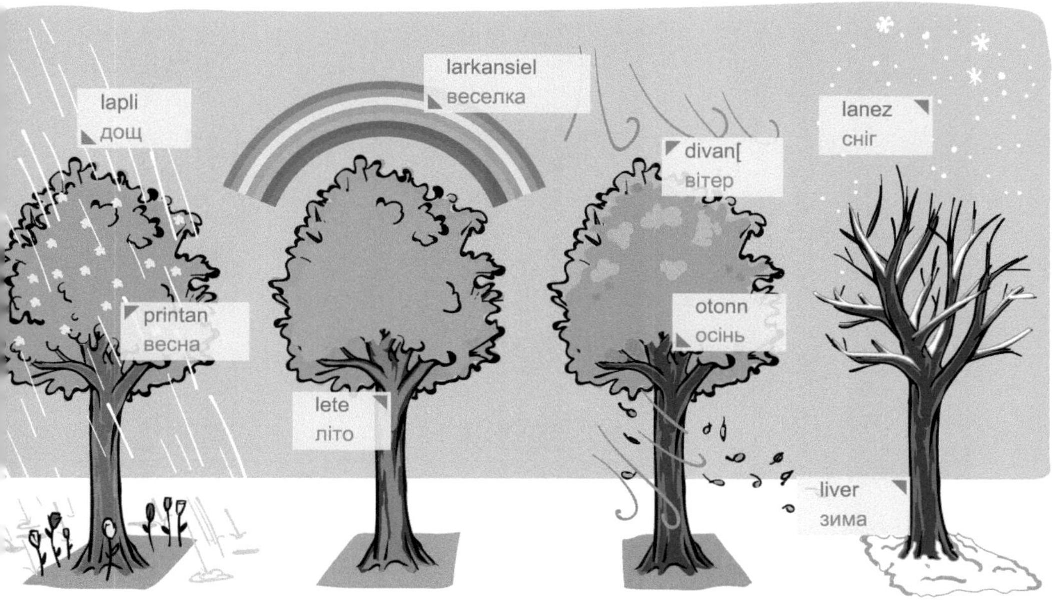

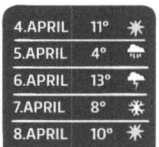

meteo

прогноз погоди

F
C
120
90
60
30
0
-30
40
30
20
10
0
-10
-20

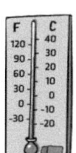

termomet

термометр

lalimier soley

сонячне світло

niaz

хмара

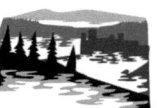

brouyar

туман

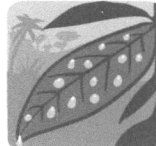

limidite

вологість повітря

lafoud

блискавка

toner

грім

tanpet

шторм

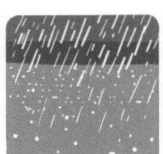

lagrel

град

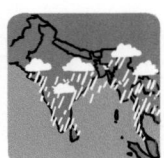

mouson

мусон

inondasion

повінь

laglas

лід

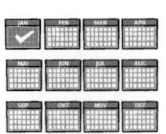

Zanvie

Січень

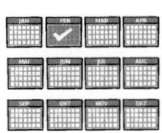

Fevriye

Лютий

Mars

Березень

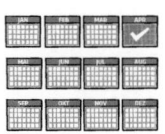

Avril

Квітень

Me

Травень

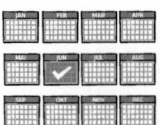

Zien

Червень

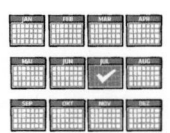

Zilie

Липень

Out

Серпень

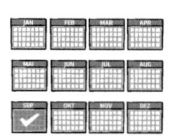

Septam

Вересень

Oktob

Жовтень

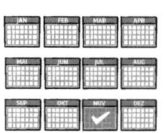

Novam

Листопад

Desam

Грудень

form
форми

ron

круг

kare

квадрат

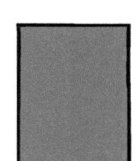

rektang

прямокутник

triang

трикутник

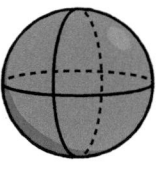

sfer

куля

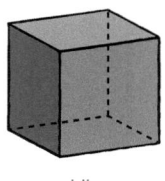

kib

куб

blan

білий

zonn

жовтий

oranz

помаранчевий

roz

рожевий

rouz

червоний

mov

фіолетовий

ble

синій

ver

зелений

maron

коричневий

gri

сірий

nwar

чорний

boukou / enn tigit

багато / мало

ankoler / kalm

лютий / мирний

zoli / vilin

гарний / бридкий

koumansman / lafin

початок / кінець

gro / tipti

великий / малий

kler / obskirite

світлий / темний

frer / ser

брат / сестра

prop / sal

чистий / брудний

konple / inkonple

завершений /
незавершений

lizour / lanwit

день / ніч

vivan / mor

мертвий / живий

larz / sere

широкий / вузький

komestib / inkomestib

їстівний / неїстівний

move / bon

злий / дружній

exsite / agase

збуджений / нудьгуючий

gra / mins

товстий / тонкий

premie / dernie

спочатку / востаннє

kamwad / lennmi

друг / ворог

ranpli / vid

повний / порожній

dir / mou

жорсткий / м'який

lour / leze

важкий / легкий

fin / swaf

голод / спрага

malad / bien

хворий / здоровий

ilegal / legal

незаконний / законний

intelizan / kouyon

розумний / дурний

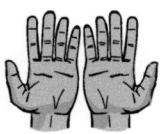

gos / drwat

вліво / вправо

pre / lwin

поруч / далеко

nouvo / ize

новий / використаний

nanye / kiksoz

нічого / щось

vie / zenn

старий / молодий

demare / arete

вкл / викл

ouver / ferme

відкрито / закрито

trankil / for

тихо / гучно

ris / pov

багатий / бідний

bon / move

правильно / неправильно

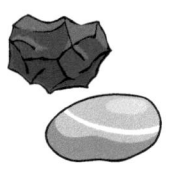

brit / lis

шорсткий / гладкий

tris / zwaye

сумний / щасливий

kourt / long

короткий / довгий

lan / rapid

повільно / швидко

tranpe / sek

вологий / сухий

so / fre

гарячий / холодний

lager / lape

війна / мир

0

zero

нуль

1

enn

один

2

de

два

3

trwa

три

4

kat

чотири

5

sink

п'ять

6

sis

шість

7

set

сім

8

wit

вісім

9

nef

дев'ять

10

distribiter biye

десять

11

onz

одинадцять

12
douz
дванадцять

13
trez
тринадцять

14
katorz
чотирнадцять

15
kinz
п'ятнадцять

16
sez
шістнадцять

17
diset
сімнадцять

18
dizwit
вісімнадцять

19
diznef
дев'ятнадцять

20
vin
двадцять

100
san
сто

1.000
mil
тисяча

1.000.000
milyon
мільйон

МОВИ

Angle

англійська

Angle Lamerik

американська англійська

Mandarin Sinwa

китайська
високочиновницька

Hindi

хінді

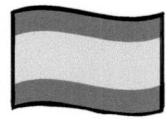

espagnol

іспанська

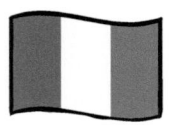

Franse

французька

Arab

арабська

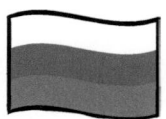

Ris

російська

Portige

португальська

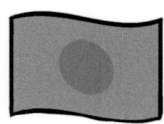

Bengali

бенгальська

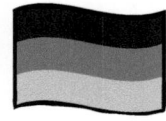

Alman

німецька

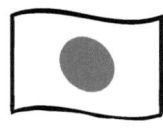

Zapone

японська

mo

я

to

ти

li

він / вона / воно

nou

ми

ou

ви

zot

вони

kisana?

хто?

kiete?

що?

kouma?

як?

kotsa?

де?

kan?

коли?

nom

ім'я

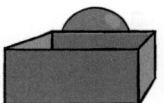

deryer

ззаду

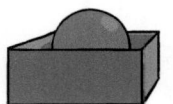

dan

в

devan

перед

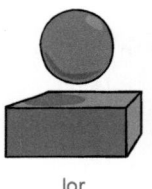

lor

над

lor

на

anba

під

akote

біля

ant

між

plas

місце